ORDONNANCE DU ROI

ET RÈGLEMENT

Pour l'Établissement d'un Mont-de-Piété dans la Ville de Besançon, Département du Doubs.

BULLETIN DES LOIS N° 630.

ORDONNANCE DU ROI

PORTANT Etablissement d'un Mont-de-Piété dans la Ville de Besançon, département du Doubs.

———

Au château des Tuileries, le 17 septembre 1823.

LOUIS, par la grâce de Dieu, ROI DE FRANCE ET DE NAVARRE, à tous ceux qui ces présentes verront, SALUT.

Sur le rapport de notre ministre secrétaire d'état au département de l'intérieur ;

Notre Conseil d'état entendu ,

NOUS AVONS ORDONNÉ et ORDONNONS ce qui suit :

ART. 1er. Il sera formé dans la ville de Besançon, département du Doubs, un mont-de-piété qui sera régi et gouverné, sous la surveillance du préfet et l'autorité de notre ministre de l'intérieur, par la commission administrative des hospices, conformément au règlement annexé à la présente ordonnance.

2. L'organisation du personnel de cet établissement sera arrêtée par notre ministre de l'intérieur, sur la proposition de la commission administrative des hospices et l'avis du préfet. Lorsqu'il surviendra des vacances, il y sera pourvu conformément au règlement.

3. Les registres, les reconnaissances, les procès-verbaux de vente, et généralement tous les actes relatifs à l'administration du mont-de-piété de Besançon, seront exempts des droits de timbre et d'enregistrement.

4. Le capital destiné à subvenir aux prêts sur nantissement est fixé à cent mille francs. Il ne pourra être porté au-delà sans l'autorisation de notre ministre de l'intérieur.

5. Le capital indiqué par l'article précédent sera formé, en partie, au moyen d'une somme de soixante-trois mille francs

appartenant aux hospices de Besançon et maintenant déposée à la caisse des dépôts et consignations.

6. Serviront aussi à former en partie ce capital, les cautionnemens en numéraire auxquels sont assujettis les préposés de l'établissement, les receveurs des établissemens de charité du département et les adjudicataires de tout service communal ou hospitalier, en tant que les lois existantes n'ordonnent pas le versement de ces cautionnemens au trésor royal.

7. Pourront être versés dans la caisse du mont-de-piété par les administrations respectives,

1° Les dons, legs et aumônes qui seront faits aux établissemens de charité du département;

2° Le montant de six mois d'avance exigé des fermiers et locataires des biens desdits établissemens;

3° Les capitaux des rentes dont le remboursement sera offert;

4° Les capitaux des aliénations autorisées;

5° Le produit des successions qui écherront aux enfans trouvés ou abandonnés et aux insensés à la charge des hospices;

Et 6° tous les autres deniers provenant de recettes extraordinaires.

8. Le montant des retenues opérées sur les traitemens des employés des communes, des hospices et des établissemens publics, pourra également recevoir la même destination.

9. Si les besoins de service l'exigent, le mont-de-piété pourra aussi recevoir les fonds qui lui seront offerts, soit en placement, soit en simple dépôt, par des particuliers, dans la forme et sous les conditions indiquées au règlement.

10. Le taux des intérêts à payer par l'établissement pour les fonds provenant des versemens et placemens indiqués aux articles 6, 7, 8 et 9, sera réglé conformément à ce qui est prescrit par le règlement.

11. Les bénéfices résultant des opérations du mont-de-piété, toutes dépenses payées, seront, ainsi que le montant des *boni* non réclamés dans les trois années de la date des dépôts, versés dans la caisse des hospices.

12. Au moyen des dispositions qui précèdent, les maisons

de prêt qui existent à Besançon seront fermées, conformément à notre seconde ordonnance de ce jour, contenant règlement pour leur clôture.

Notre ministre secrétaire d'état de l'intérieur est chargé de l'exécution de la présente ordonnance, qui sera insérée au Bulletin des lois.

Donné en notre château des Tuileries, le 17 septembre de l'an de grâce 1823, et de notre règne le vingt-neuvième.

Signé, LOUIS.

Par le Roi :

Le Ministre Secrétaire-d'État au département de l'intérieur, Signé, CORBIÈRE.

RÈGLEMENT

Pour le *Mont-de-Piété de Besançon.*

TITRE Iᵉʳ.

De l'Administration.

ART. 1ᵉʳ. Le mont-de-piété de Besançon sera régi, sous l'autorité du ministre de l'intérieur et la surveillance du préfet du Doubs, par la commission administrative des hospices de cette ville.

2. Le maire sera président-né de cette administration ; et lorsque, pour cause d'absence ou de maladie, un adjoint sera investi de la plénitude de ses pouvoirs, ce dernier pourra, mais dans ce cas seulement, assister aux séances et les présider.

3. L'administration élira dans son sein un vice-président, qui sera renouvelé tous les six mois et pourra être réélu. Le vice-président suppléera le maire, président-né, lorsque ce fonctionnaire, ou l'adjoint qui peut le remplacer dans le cas prévu par l'article 2, n'assistera pas aux séances de l'administration.

4. L'administration choisira aussi parmi ses membres un secrétaire qui tiendra les registres de la correspondance et des délibérations , en délivrera toutes les expéditions nécessaires , signera les billets de convocation , et aura en outre la garde des archives. Ses fonctions dureront un an , et il pourra être réélu.

5. L'administration désignera également parmi ses membres un administrateur dont les fonctions ne seront que de trois mois et devront être exercées successivement par tous les administrateurs. Cet administrateur surveillant cotera et paraphera tous les registres de l'établissement.

6. Les délibérations sur les diverses parties d'administration et de régie de l'établissement seront proposées par l'administration , et présentées par le préfet, avec son avis , au ministre de l'intérieur, qui décidera.

7. Les règlemens nécessaires , ensemble les modifications à faire à ceux qui auront été adoptés , seront adressés par l'administration au préfet, qui les transmettra, avec son avis , au ministre de l'intérieur, pour être soumis , s'il y a lieu, au Gouvernement en conseil d'état.

8. L'administration s'assemblera une fois par semaine. Les jour, lieu et heure d'assemblée seront réglés par le président, qui pourra en outre convoquer des assemblées extraordinaires, aussi souvent que l'exigeront le bien du service et l'expédition des affaires.

TITRE II.

Des Préposés et des Employés.

9. Il y aura près de l'administration et sous ses ordres, un directeur, un caissier, un garde-magasin, un appréciateur, et le nombre d'employés reconnu nécessaire pour assurer le service de l'établissement.

10. Aussi longtemps que l'économie l'exigera et que le bien du service le permettra , le directeur remplira les fonctions de caissier et celles de garde-magasin.

11. Le directeur, le caissier et le garde-magasin sont nommés

par le ministre de l'intérieur, sur une liste de trois candidats présentée par l'administration pour chaque place vacante, et sur l'avis du préfet.

12. Conformément aux dispositions de l'article 5 de l'ordonnance du 26 juin 1816, l'appréciateur sera choisi par le ministre de l'instérieur, sur l'avis de l'administration et du préfet, parmi les commissaires-priseurs de Besançon.

13. Dans le cas où ces commissaires refuseraient de remplir ces fonctions, il sera procédé à la nomination de l'appréciateur, de la manière indiquée à l'article précédent.

14. Les employés seront nommés par l'administration, sauf l'approbation du préfet.

15. Sur la proposition de l'administration et l'avis du préfet, le ministre de l'intérieur réglera le nombre des employés, fixera leurs appointemens, et leur accordera, s'il y a lieu, des gratifications.

16. Le directeur, le caissier, le garde-magasin et l'appréciateur seront tenus de fournir, avant d'entrer en fonctions, des cautionnemens en numéraire dont la quotité sera fixée par le ministre de l'intérieur, sur la proposition de l'administration et l'avis du préfet, et qui seront versés dans la caisse du mont-de-piété, et porteront intérêt au profit des agens qui les auront fournis, d'après la fixation adoptée pour les cautionnemens versés au trésor, conformément aux dispositions du décret du 3 mai 1810.

17. Si, pendant la gestion d'un préposé, il y a lieu d'attaquer son cautionnement pour cause de responsabilité qui, d'ailleurs, n'entraîne pas destitution, ce cautionnement devra être rétabli ou completté dans le délai de trois mois, au plus tard ; faute de quoi, le préposé cessera d'appartenir à l'établissement.

18. Les droits à exercer sur le montant des cautionnemens indiqués à l'article précédent, soit par l'administration, soit par les bailleurs de fonds, soit enfin par les créanciers particuliers des titulaires, se régleront conformément aux lois des 25 nivôse et 6 ventôse an XIII (15 janvier et 25 février 1805).

19. En cas de décès d'un agent assujetti à un cautionnement, ce cautionnement ne pourra être remboursé à ses héritiers ou ayant-cause qu'après l'acceptation par son successeur du compte de clerc à maître qui doit être rendu à ce dernier.

20. Les préposés et les employés du mont-de-piété seront tenus, avant d'entrer en fonctions, de prêter serment entre les mains du président du tribunal de première instance, de bien et fidèlement remplir leurs fonctions.

21. Les bureaux du mont-de-piété seront ouverts au public tous les jours, les dimanches et fêtes exceptés, depuis huit heures du matin jusqu'à trois heures, à dater du 1er avril au 1er octobre, et depuis neuf heures du matin jusqu'à trois heures, à dater du 1er octobre au 1er avril.

22. Les préposés et les employés de l'établissement se rendront le matin au mont-de-piété avant l'heure de l'ouverture des bureaux, pour disposer le travail de manière que le public n'éprouve aucun retard ; et ils y resteront le soir tout le temps nécessaire pour faire les récapitulations et expédier leurs bulletins, en sorte qu'il ne reste rien en arrière pour le lendemain.

23. Il est expressément défendu à tout préposé ou employé du mont-de-piété de faire lui-même aucun prêt sur nantissement, même après que les demandeurs auront été refusés dans les bureaux, sous peine de destitution, et d'être en outre poursuivi devant les tribunaux, conformément à l'article 3 de la loi du 16 pluviôse an XII (6 février 1804).

24. Il leur est également défendu, sous peine de destitution, de se rendre adjudicataires d'aucun effet mis en vente par le mont-de-piété.

TITRE III.

Des Fonctions des divers Préposés de l'Établissement.

Du Directeur.

25. La gestion immédiate de l'établissement est confiée au directeur.

26. Il inspecte le travail de tous les employés, veille à

l'exécution des lois, ordonnances, décisions, règlemens, et à celle des délibérations de l'administration.

27. Il surveille les magasins, et doit en faire la visite au moins deux fois par semaine.

28. Il lève les difficultés qui peuvent survenir entre les emprunteurs et les employés de l'établissement.

29. Il reçoit les réclamations, déclarations et oppositions, ainsi que les propositions qui peuvent être faites ; mais il est tenu de prendre, sur les objets d'un intérêt majeur, l'avis de l'administrateur surveillant et de se soumettre à sa décision.

30. Il est chargé de toutes les dépenses relatives à l'entretien des bâtimens, aux fournitures de bureau, aux traitemens des employés, aux mesures de sûreté, et généralement de tous les frais de régie. Il y pourvoit par des états ou mandats que le caissier est tenu d'acquitter, après qu'ils ont été visés par l'administrateur surveillant.

31. Il tient tous les registres utiles à sa gestion, et les présente toutes les fois qu'il en est requis, soit par l'administrateur surveillant, soit par l'administration.

32. A chaque séance de l'administration, il remet sur le bureau un bordereau de recette et dépense, qu'elle arrête après l'avoir vérifié, ainsi qu'un état de situation des magasins et un tableau analytique des opérations de l'établissement. Une copie de ces bordereaux est transmise, chaque trimestre, par l'administration, au préfet, qui l'adresse au ministre de l'intérieur avec ses observations, s'il y a lieu.

33. Le directeur fait également, à chaque séance, les rapports et les propositions qu'il croit utiles à l'établissement.

34. Le budget annuel des recettes et des dépenses présumées de l'établissement est présenté par lui à l'administration, dans le courant du troisième trimestre de chaque année, pour l'année suivante.

35. Le compte annuel des opérations et de leurs résultats est rendu par lui, dans le cours du premier semestre de chaque année, pour l'année précédente.

36. Ces comptes et budgets, vérifiés par l'administration,

seront réglés conformément aux dispositions de notre ordonnance du 18 juin 1823.

37. Le directeur ne peut s'absenter sans une permission de l'administration , qui règle la manière dont il sera remplacé pendant son absence.

Du Caissier.

38. Le caissier est dépositaire des fonds de l'établissement. Il est chargé de faire toutes les recettes et d'acquitter toutes les dépenses.

39. Il ne peut faire aucun paiement sans un état ou un mandat du directeur , visé par l'administrateur surveillant , pour des dépenses autres que les prêts journaliers qu'il effectue sur le vu des reconnaissances du garde-magasin , et la remise des *boni* qui a lieu d'après les comptes de vente.

40. Il ne peut non plus recevoir de fonds autres que ceux provenant des dégagemens , renouvellemens et ventes , que d'après un bordereau signé par le directeur.

41. Ce caissier tient tous les registres nécessaires à la régularité de sa comptabilité : leur nombre et leur forme sont réglés par l'administration, sur le rapport du directeur.

42. Il fournit chaque jour à ce dernier un bulletin des opérations qui ont eu lieu dans son bureau.

43. A l'expiration de chaque année , il remet au directeur le compte de ses recettes et de ses dépenses , appuyé des pièces justificatives , pour être joint à celui que le directeur doit rendre lui-même à l'administration.

44. En cas d'empêchement légitime , il peut se faire remplacer momentanément , avec l'agrément du directeur , en restant personnellement responsable de celui qui le remplace ; mais il ne peut faire d'absence qu'avec l'autorisation de l'administration.

Du Garde-magasin.

45. Le garde-magasin a , en cette qualité , la manutention des magasins. Il est tenu de veiller soigneusement à la garde et à la conservation des effets qui y sont déposés ; il est respon-

sable de leur détérioration et de leur disparition, sauf les cas de force majeure indiqués par l'article 130.

46. Le garde-magasin devra faire faire le remuement des objets déposés et susceptibles de détérioration, au moins deux fois par mois, et il en rendra compte au directeur.

47. Il est seul dépositaire des clefs des différens magasins où sont placés les effets donnés en nantissement.

48. Les diamans, les bijoux, l'argenterie, les dentelles et autres objets précieux, doivent être renfermés dans des armoires particulières.

49. Le garde-magasin tient soigneusement les registres et répertoires qui lui sont indiqués par l'administration ou par le directeur.

50. Il fournit chaque jour à ce dernier un bulletin des opérations qui ont lieu dans son bureau.

51. En cas d'empêchement légitime, il peut se faire remplacer momentanément, en restant toutefois garant de celui qui le remplace. Il ne peut néanmoins s'absenter qu'avec l'autorisatien de l'administration.

De l'Appréciateur.

52. L'appréciateur fait l'estimation de tous les objets présentés en nantissement. Lorsque l'emprunteur acquiesce à cette estimation, l'appréciateur signe la mention qui en est faite sur le registre des prêts; il signe également un bulletin portant le montant de l'évaluation et qui reste joint au nantissement.

53. Lorsqu'un nantissement est composé de plusieurs objets, ils sont tous appréciés séparément, et l'appréciateur porte les diverses estimations sur le bulletin dont parle l'article précédent; mais leur montant total est seul porté sur le registre des prêts.

54. L'appréciateur est garant, envers l'établissement, des évaluations par lui faites. En conséquence, si le produit des ventes des nantissemens ne suffisait pas pour remplir l'établissement des sommes prêtées d'après l'évaluation, ainsi que de ce qui se trouverait lui être dû pour intérêts et frais, l'appréciateur

serait tenu de lui en rembourser la différence; à l'effet de quoi son cautionnement sera spécialement affecté.

55. Néanmoins, si cette différence est reconnue provenir, en tout ou en partie, de circonstances particulières et indépendantes de la capacité de l'appréciateur, telles, par exemple, que la diminution qu'auraient produite dans la valeur des nantissemens les variations commerciales, l'administration pourra, après avoir reconnu la réalité de ces causes, proposer de remettre à l'appréciateur une portion ou la totalité de son débet. Le ministre de l'intérieur décidera, sur l'avis du préfet.

56. En cas d'insuffisance du cautionnement de l'appréciateur et d'insolvabilité de sa part pour couvrir entièrement le débet définitivement constaté envers l'administration, la compagnie des commissaires-priseurs de Besançon sera, si l'appréciateur est membre de cette compagnie, responsable envers ladite administration des suites des estimations de cet appréciateur, aux termes de l'art. 5 de l'ordonnance du 26 juin 1816 : si l'appréciateur n'est pas commissaire-priseur, il sera pris, à la diligence du directeur, toutes les mesures nécessaires pour assurer les droits de l'établissement contre ce préposé, qui ne pourra, au reste, continuer ses fonctions qu'après avoir entièrement satisfait à ce qui est prescrit par l'art. 17 du présent règlement.

57. L'appréciateur aura soin de visiter, au moins une fois par semaine, les nantissemens déposés dans les magasins, afin de s'assurer qu'ils y sont bien distribués et gardés. En cas de négligence de la part du garde-magasin, il en fera son rapport au directeur, pour être communiqué à l'administration ou à l'administrateur surveillant.

58. Il jouira, pour droit de prisée, d'une indemnité fixée, chaque année, par le ministre de l'intérieur, sur la proposition de l'administration et l'avis du préfet.

59. Cette indemnité, qui ne pourra excéder un demi-centime par franc du principal du prêt, sera à la charge de l'administration, qui l'emploiera dans la dépense comme frais de régie. Elle ne pourra être exigée pour les évaluations qui n'auront pas été suivies de prêts.

60. Il sera alloué à l'appréciateur, pour vacations et frais de vente, un droit qui sera également fixé, chaque année, par le ministre de l'intérieur, sur la proposition de l'administration et l'avis du préfet.

61. Ce droit, qui sera réglé par quotité sur le montant du produit des ventes, sera à la charge des acheteurs, et sera ajouté, pour chacun d'eux, au prix des objets qui lui auront été adjugés.

62. Moyennant le paiement du droit mentionné aux articles précédens, tous les frais dépendans des ventes seront à la charge de l'appréciateur.

TITRE IV.

Des Opérations du Mont-de-piété.

63. Les opérations du mont-de-piété consistent dans le prêt sur nantissement, principalement en faveur des indigens.

64. Les prêts seront accordés sur engagement d'effets mobiliers déposés dans les magasins de l'établissement.

65. Nul ne sera admis à déposer des nantissemens pour lui valoir prêt à la caisse du mont-de-piété, s'il n'est connu ou domicilié, ou assisté d'un répondant connu ou domicilié.

66. Il ne pourra être prêté aux enfans en puissance paternelle ou maternelle, ou en tutelle, que de l'aveu de leurs parens ou tuteurs.

67. Seront refusés les nantissemens des mendians et des individus mal famés, ou connus sous des rapports défavorables. Il sera pris, dans le cas où les nantissemens seraient présentés par des individus soupçonnés de les avoir volés, les mesures indiquées au titre XII du présent règlement (*Police et Contentieux*).

68. Lorsque le dépôt aura été jugé admissible, il sera procédé à l'estimation des effets, et ensuite au règlement de la somme à prêter sur leur valeur, d'après les bases fixées ci-après, art. 74.

69. Tout déposant sera tenu de signer l'acte de dépôt des effets donnés en nantissement. Si le déposant est illettré et inconnu, l'acte de dépôt sera signé par son répondant; mais s'il est connu, il sera dispensé de présenter un répondant.

70. Le garde-magasin fournira au déposant une reconnaissance du dépôt engagé : elle sera au porteur, et contiendra la date du dépôt, la désignation du nantissement, le numéro sous lequel il a été enregistré, l'estimation qui en a été faite, la quotité du prêt et ses conditions.

71. Sur le vu de cette reconnaissance, le caissier remettra à l'emprunteur la somme qu'elle indiquera comme devant lui être prêtée.

72. Dans le cas où cette reconnaissance se perdrait, l'emprunteur devra en faire aussitôt la déclaration au directeur, qui sera tenu de la faire inscrire sur le registre des prêts et sur celui du garde-magasin, en marge de l'article dont la reconnaissance sera adirée.

TITRE V.

Des Formes et des Conditions du Prêt.

73. Les prêts du mont-de-piété seront accordés pour six mois : ce terme pourra être porté à un an par une décision du ministre de l'intérieur, prise sur la proposition de l'administration et l'avis du préfet; mais l'emprunteur aura la faculté de dégager ses effets déposés, avant le terme fixé, ou d'en renouveler l'engagement à l'échéance.

74. Le montant des sommes à prêter sera réglé, quant aux nantissemens en vaisselle, en bijoux d'or et d'argent, aux quatre cinquièmes de leur valeur au poids; et, quant à tous les autres effets, aux deux tiers du prix de leur estimation.

75. Si l'emprunteur n'a pas besoin de toute la somme qui pourrait lui être prêtée d'après l'évaluation du nantissement, la reconnaissance ne doit pas moins porter l'évaluation entière, telle qu'elle doit toujours être faite par l'appréciateur, à qui il est expressément défendu de la réduire dans la proportion du prêt.

76. L'établissement ne pourra pas être obligé de prêter plus de trois cents francs à la même personne. Ce *maximum* pourra être augmenté et la restriction pourra être entièrement levée par une décision du ministre de l'intérieur, prise sur la proposition de l'administration et l'avis du préfet.

77. Le droit unique à percevoir par l'établissement pour frais d'appréciation, de dépôt, de magasinage, de garde et de régie, ainsi que pour l'intérêt des sommes prêtées, sera fixé, chaque année, pour l'année suivante, par le ministre, sur la proposition de l'administration et l'avis du préfet.

78. Les décomptes du droit dû par les emprunteurs se feront par quinzaine, et la quinzaine commencée sera due en entier.

TITRE VI.

Des Renouvellemens.

79. A l'expiration de la durée du prêt, l'emprunteur pourra être admis, si le directeur ou les administrateurs le jugent à propos, à renouveler l'engagement des effets donnés en nantissement, et par ce moyen en empêcher la vente.

80. Pour obtenir ce renouvellement, l'emprunteur sera tenu de payer d'abord les intérêts dus au mont-de-piété, à raison du premier prêt; de consentir à ce que le nantissement soit soumis à une nouvelle appréciation, et à payer le montant de la différence qui pourrait être trouvée, d'après la nouvelle estimation, entre la valeur actuelle du nantissement et celle qu'il avait à l'époque du premier prêt.

81. Le renouvellement s'effectuera, d'après la valeur actuelle du gage, dans la même forme, aux mêmes termes et conditions et pour le même délai que le prêt primitif.

82. La reconnaissance délivrée lors du premier engagement sera retirée; il en sera fait mention au registre des prêts, à l'article où elle aura été inscrite d'abord, et elle sera reportée au registre des dégagemens. Il sera délivré à l'emprunteur une nouvelle reconnaissance, dont on fera note au registre des prêts.

TITRE VII.

Des Dégagemens.

83. Tout possesseur d'une reconnaissance de dépôt qui remboursera à la caisse de l'établissement la somme prêtée, plus les intérêts et droits dus, pourra retirer le nantissement énoncé en ladite reconnaissance, soit avant le terme, soit même après son expiration, dans le cas où la vente n'en aurait pas encore été faite.

84. Pour opérer le dégagement, on devra présenter la reconnaissance au caissier, qui, après en avoir reçu le montant
et en avoir fait note au bas de ladite reconnaissance, y apposera
sa signature et la remettra ensuite au garde-magasin, qui res-
tituera à l'emprunteur son nantissement.

85. Si l'effet donné en nantissement était perdu et ne pouvait
être rendu à son propriétaire, la valeur lui en serait payée au
prix de l'estimation fixée lors du dépôt, avec l'augmentation, à
titre d'indemnité, d'un cinquième ou d'un tiers en sus, suivant
que le nantissement consistait en vaisselle, en bijoux d'or et
d'argent, ou en autres effets, ainsi qu'il est dit à l'art. 74.

86. Si l'effet donné en nantissement se trouve avoir été avarié,
le propriétaire aura le droit de l'abandonner à l'établissement,
moyennant le prix d'estimation fixé lors du dépôt, si mieux il
n'aime le reprendre en l'état où il se trouve et recevoir en indemnité, d'après estimation de l'appréciateur de l'établissement,
le montant de la différence reconnue entre la valeur actuelle
dudit effet et celle qui lui avait été assignée lors du dépôt.

87. L'emprunteur qui aura perdu sa reconnaissance et qui
aura fait la déclaration prescrite par l'article 72, ne pourra
toutefois dégager le nantissement avant l'échéance du terme
fixé pour l'engagement; et lorsqu'à l'expiration de ce terme
ledit emprunteur sera admis, soit à retirer son nantissement,
soit à recevoir le *boni* résultant de la vente qui en aura été
faite, il sera tenu d'en donner décharge spéciale, avec caution
d'une personne domiciliée et reconnue solvable.

88. Les décharges spéciales requises dans les cas prévus par
l'article précédent seront simplement inscrites sur un registre et
signées par l'emprunteur et la caution, lorsqu'elles auront pour
objet des effets d'une valeur au-dessous de cent francs; elles
seront données par acte notarié, s'il s'agit d'effets d'une valeur
au-dessus de cette somme.

TITRE VIII.

Des Ventes de nantissemens.

89. Les effets donnés en nantissement et qui, à l'expiration

du terme stipulé dans la reconnaissance délivrée à l'emprunteur, n'auront pas été dégagés, seront vendus pour le compte de l'administration, jusqu'à concurrence de la somme qui lui sera due, sauf, en cas d'excédant, à en tenir compte à l'emprunteur.

90. Dans aucun cas ni sous aucun prétexte, il ne pourra être exposé en vente, au mont-de-piété, des effets autres que ceux qui auront été mis en nantissement, dans les formes voulues par le présent règlement.

91. Les ventes se feront publiquement, sur une seule exposition et au plus offrant et dernier enchérisseur, par le ministère de l'appréciateur de l'établissement et à la diligence du directeur, d'après un rôle ou état sommaire par lui dressé sur la note que lui aura fournie le garde-magasin, des nantissemens dont le terme de prêt est échu, et qui n'ont été ni retirés ni renouvelés.

92. Le rôle dressé par le directeur sera préalablement rendu exécutoire par le président du tribunal de première instance de l'arrondissement, ou par l'un des juges du même tribunal, à ce commis, en vertu d'une ordonnance mise sans frais au bas de la requête qui sera présentée par le directeur.

93. Le directeur veillera à ce qu'il y ait au moins une vente par mois.

94. Les nantissemens qui doivent faire partie de chaque vente sont remis par le garde-magasin à l'appréciateur, qui lui en donne récépissé.

95. Dans le cas où, à la première exposition, un nantissement ne serait pas porté au montant de la somme due au mont-de-piété en principal et accessoires, l'appréciateur aura la faculté d'en renvoyer l'adjudication à la vente suivante; et s'il en arrivait de même à la seconde exposition, la vente ne pourra être suspendue qu'avec l'assentiment du directeur, et elle devra toujours être consommée à la troisième exposition.

96. Quoique l'appréciateur ne soit responsable qu'envers l'établissement pour ce qui lui est dû sur les effets exposés en vente, il ne doit néanmoins jamais perdre de vue que ces effets appartiennent à des pauvres; et lorsque, dans une première exposition, ils ne seront pas portés à leur valeur au moins

approximative, l'appréciateur devra user, dans l'intérêt des emprunteurs, de la faculté qui lui est donnée, dans le sien, par l'article précédent.

97. L'administrateur surveillant devra assister à chaque vente, afin de veiller aux intérêts des pauvres et à ceux de l'établissement.

98. Lorsqu'il verra qu'un objet n'est pas porté à sa valeur ou qu'il y a collusion entre les enchérisseurs, il requerra sur-le-champ la suspension de la vente de cet objet, et en renverra l'adjudication à la vente suivante.

99. Quel que soit le motif qui fasse suspendre la vente d'un objet, le propriétaire ne pourra, en aucun cas, être obligé de payer, sur le *boni* qui pourra lui revenir après la vente, l'intérêt du temps qui sera écoulé entre la première et la dernière exposition.

100. Lorsque les nantissemens entièrement composés ou même seulement garnis d'or ou d'argent se trouveront compris dans le rôle de vente dressé en exécution de l'art. précédent, il en sera donné avis au contrôleur des droits de marque, avec invitation de venir procéder à la vérification desdits nantissemens.

101. Le contrôleur se transportera, à cet effet, au dépôt des ventes du mont-de-piété, et formera, après cette vérification, l'état de ceux desdits nantissemens d'or ou d'argent qui, n'étant pas revêtus de l'empreinte de garantie, ne pourront être délivrés qu'après l'avoir reçue, à moins que les adjudicataires ne consentent à les laisser briser et mettre hors de service.

102. Les ventes du mont-de-piété se feront dans une des salles de l'établissement, et seront annoncées, au moins huit jours d'avance, par la voie du journal du département, et par des affiches publiques, ou même, lorsqu'il y aura lieu, par des catalogues imprimés et distribués, des avis particuliers, et une exposition publique des objets à mettre en vente.

103. Toute affiche ou annonce contiendra l'indication, tant des numéros des articles divers à vendre, que de la nature des effets et des conditions de la vente.

104. Les oppositions formées à la vente d'effets déposés en

nantissement au mont-de-piété n'empêcheront pas que cette vente n'ait lieu, et même sans qu'il soit besoin d'y appeler l'opposant, autrement que par la publicité des annonces et sauf d'ailleurs audit opposant à faire valoir ses droits, s'il y a lieu, sur l'excédant ou *boni* restant net du prix de la vente, après l'entier acquittement de la somme due au mont-de-piété.

105. La décision par laquelle, conformément à l'article 60 du présent règlement, la quotité du droit alloué à l'appréciateur pour vacations et frais de vente aura été fixée, sera affichée dans la salle des ventes.

106. Indépendamment du droit ordinaire de vente, il sera perçu, pour les ventes des nantissemens qui auront exigé une annonce extraordinaire par catalogues imprimés, avis particuliers et exposition publique, un droit d'un pour cent du produit de la vente.

107. Ce droit sera perçu au profit de l'établissement, et sera, comme le droit ordinaire, à la charge de l'adjudicataire, et en sus du prix de son adjudication.

108. Tout adjudicataire sera tenu de payer comptant le prix total de son adjudication et des frais accessoires. A défaut de ce paiement complet, l'effet adjugé est remis en vente, à l'instant même, aux risques et périls de l'adjudicataire, et sans autre formalité qu'une interpellation verbale à lui adressée par l'appréciateur-vendeur de payer actuellement la somme due.

109. Les effets adjugés seront remis aussitôt à l'adjudicataire qui en aura payé la valeur.

110. Quant aux effets d'or et d'argent non empreints de la marque de garantie, et que l'adjudicataire désirera conserver dans leur forme, ils seront provisoirement retenus pour être présentés au bureau de garantie, et n'être remis audit adjudicataire qu'après l'acquittement par lui fait des droits particuliers dus à la régie.

111. A la fin de chaque vacation de vente, l'appréciateur en versera le produit entre les mains du caissier de l'établissement, et lui remettra également les registres qui contiendront les procès-verbaux des ventes et tous les actes qui y sont re-

latifs, et au vu desquels le caissier formera, pour chaque article d'engagement, le compte du déposant emprunteur.

112. Ce compte sera composé, d'une part, du produit de la vente, et, de l'autre, de la somme due par le déposant emprunteur, tant en principal qu'intérêts et droits, et il indiquera pour résultat, soit l'excédant ou *boni* dont il y a lieu de tenir compte au déposant, soit le déficit à supporter par l'appréciateur, comformément à l'article 54, soit enfin la balance exacte des diverses parties du compte.

113. Les articles non adjugés seront remis par l'appréciateur au garde-magasin, qui lui en donnera décharge.

TITRE IX.

De l'Excédant ou Boni.

114. Le paiement de l'excédant ou *boni* restant net du produit de la vente d'un nantissement se fera sur la représentation et la remise de la reconnaissance d'engagement.

115. A défaut de représentation de ladite reconnaissance, l'emprunteur sera tenu de donner décharge spéciale du paiement du *boni* dans les formes prescrites par les articles 87 et 88.

116. Les créanciers particuliers des porteurs de reconnaissances seront reçus à former des oppositions à la délivrance du *boni* à ces derniers.

117. Les oppositions ne pourront être formées qu'entre les mains du directeur, et ne seront obligatoires pour le mont-de-piété qu'après qu'elles auront été visées par ce préposé, qui sera tenu de le faire sans aucuns frais.

118. Lorsqu'il aura été formé opposition à un paiement de *boni*, ce paiement ne pourra avoir lieu entre les mains de l'emprunteur que du consentement de l'opposant, et sur le vu de la décharge ou main-levée de son opposition.

119. Les excédans ou *boni* qui n'auront pas été retirés dans les trois ans de la date des reconnaissances, ne pourront être réclamés.

120. Les dispositions de l'article précédent devront être rappelées, en forme d'avis, dans la formule des reconnaissances.

TITRE X.

De l'Emprunt.

121. Conformément aux dispositions de l'article 9 de l'ordonnance de création du mont - de - piété , cet établissement pourra , lorsque les besoins du service l'exigeront , recevoir et employer les fonds qui lui seront offerts par les particuliers, soit en placement, soit en simple dépôt.

122. Le taux de l'intérêt auquel ces placemens seront reçus, sera fixé, tous les ans, par une délibération de l'administration , sauf la confirmation du ministre, sur l'avis du préfet : mais les simples dépôts ne porteront intérêt que lorsque les propriétaires consentiront à les laisser au moins six mois dans la caisse de l'établissement.

123. Il sera délivré, à titre de reconnaissance du placement deux billets payables au porteur , dont l'un pour le principal , et l'autre pour les intérêts. Ces billets porteront le numéro de leur enregistrement , la date de leur émission et celle de leur échéance.

124. Le billet au porteur , pour le principal , contiendra le montant du placement, et celui pour les intérêts en indiquera le montant ; ils seront signés par le caissier , enregistrés à la direction , et la mention de cet enregistrement sera signée par le directeur ; enfin les billets seront visés par l'administrateur surveillant.

125. Au fur et à mesure de l'acquittement de ces divers effets, mention en sera faite en marge de leur article d'enregistrement.

TITRE XI.

Hypothèque et Garantie des Prêteurs et des Emprunteurs.

126. Les fonds empruntés pour les besoins du mont–de–piété , et tous ceux qui auront été versés dans sa caisse , à quelque titre que ce soit, auront pour hypothèque les biens possédés par les hospices , auxquels les bénéfices des opérations de l'établissement sont affectés.

127. La dotation de l'établissement servira de garantie aux

propriétaires des nantissemens, jusqu'à concurrence de l'excédant de la valeur desdits nantissemens sur les sommes prêtées.

128. L'établissement étant garant et responsable, sauf son
recours contre qui il appartiendra, de la perte des nantissemens,
il sera pris par l'administration toutes les mesures nécessaires
pour en empêcher la détérioration et en prévenir la soustrac-
tion, le vol et l'incendie ; à l'effet de quoi, un poste militaire,
un réservoir d'eau suffisant et des pompes à incendie avec
leurs accessoires, seront placés et entretenus dans son enceinte.

129. Les bâtimens du mont-de-piété, ainsi que leur mobilier,
dans lequel sont compris les nantissemens déposés dans ses
magasins, seront, en outre, assurés contre l'incendie, à la
diligence de l'administration.

130. Sont exceptés de la garantie stipulée par l'article 128,
les vols et pillages à force ouverte, ou par suite d'émeute
populaire, et les incendies causés par le feu du ciel, ou
enfin tous les autres accidens extraordinaires et hors de toute
prévoyance humaine.

TITRE XII et dernier.

Police et Contentieux.

131. Dans le cas où il serait présenté en nantissement,
des effets déclarés, reconnus ou même suspectés volés, la
reconnaissance ne pourra être délivrée qu'après que le directeur aura entendu le porteur desdits effets, et qu'il ne
restera plus de doute sur la vérité de sa déclaration.

S'il restait encore quelques soupçons, les déclarations
seront constatées par un procès-verbal dressé par un commis-
saire de police, que le directeur requerra de se transporter,
à cet effet, au mont-de-piété. Ce procès-verbal sera transmis
sur-le-champ au procureur du Roi, à l'effet par lui d'informer et de poursuivre ceux qui auront présenté les effets,
ainsi que leurs complices, suivant l'exigence du cas. En
attendant, il ne sera prêté aucune somme aux porteurs desdits
effets, lesquels resteront en dépôt dans les magasins de l'é-
tablissement jusqu'à ce qu'il en soit autrement ordonné.

132. Les nantissemens revendiqués pour vol ou pour quelque autre cause que ce soit, ne seront rendus aux réclamans qu'après qu'ils auront légalement justifié qu'ils leur appartiennent, et qu'après qu'ils auront acquitté, en principal et droits, la somme pour laquelle lesdit effets auront été laissés en nantissement, sauf leur recours contre ceux qui les auront déposés, et contre leurs répondans; le tout sans préjudice du recours contre le directeur ou les autres employés, en cas de fraude, de dol ou de négligence de l'exécution des articles 131, 134 et 135 du présent règlement.

133. Il ne sera admis, pour preuve légale de la propriété desdits effets, qu'un jugement d'un tribunal compétent qui l'aura reconnue.

134. Les réclmations pour effets perdus ou volés, qui parviendront à la connaissance du directeur, seront inscrites sur un registre particulier. Celles qui seront faites directement au mont-de-piété, seront signées sur ce registre par ceux qui les apporteront. Aussitôt après l'enregistrement des unes ou des autres, il en sera distribué des notes dans les bureaux, et il sera vérifié sur le-champ si les effets sont au mont-de-piété, afin d'en prevenir les réclamans.

135. S'ils n'y sont pas apportés, tous les employés par les mains desquels passent les effets offerts en nantissement, n'en devront pas moins faire la plus grande attention aux notes qui leur auront été remises, afin de pouvoir reconnaître les effets, dans le cas où ils seraient présentés; auquel cas le directeur en sera averti, pour qu'il puisse prendre les précautions ci-dessus indiquées et en informer les réclamans.

136. Toutes les difficultés et contestations qui pourront survenir, soit entre l'administration du mont-de-piété et ses préposés ou employés, soit entre les divers préposés ou employés, pour faits d'administration, et même les difficultés et contestations qui naîtraient entre l'administration et la compagnie des commissaires-priseurs de Besançon, par suite de la solidarité établie par le permier paragraphe de l'article

56 du présent règlement, entre cette compagnie et l'appréciateur de l'établissement, pour faits résultant des opérations
de ce dernier, seront portées, dans les formes prescrites par
l'arrêté du 7 messidor an IX [26 juin 1801], devant le conseil
de préfecture, et décidées par lui, sauf recours au Gouvernement en conseil d'état, par le ministère d'un avocat aux
conseils.

137. Le recours réservé par l'article précédent devra être
exercé dans la huitaine de la signification de l'arrêté du
conseil de préfecture; à défaut de quoi, l'administration
pourra poursuivre l'exécution des décisions intervenues.

138. Toute contestation qui surviendrait entre l'établissement et des particuliers, sera portée devant les tribunaux
ordinaires.

Pour être annexé à l'Ordonnance du 17 Septembre 1823, enregistrée
sous le n.º 5092.

Le Conseiller d'état, Secrétaire-général du
ministère de l'intérieur,

Signé, Baron CAPELLE.

A Besançon, de l'Imprimerie de Vᵉ. DACLIN, Imprimeur
du Roi, Grand'-rue, N°. 41.

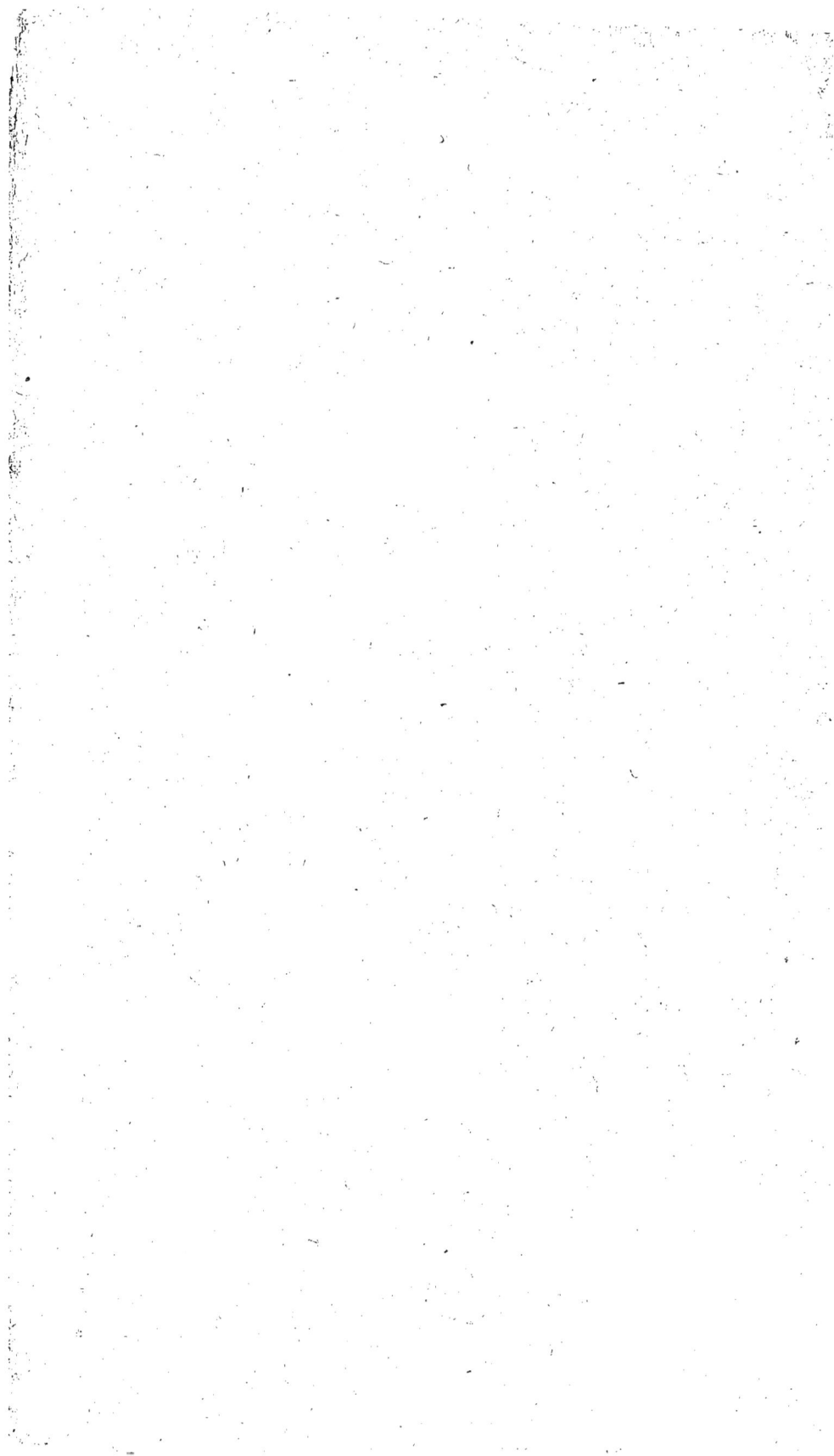

www.ingramcontent.com/pod-product-compliance
Lightning Source LLC
Chambersburg PA
CBHW070157200326
41520CB00018B/5443